AF360011

CAUSES D'AFFAIBLISSEMENT

DE

L'INFANTERIE.

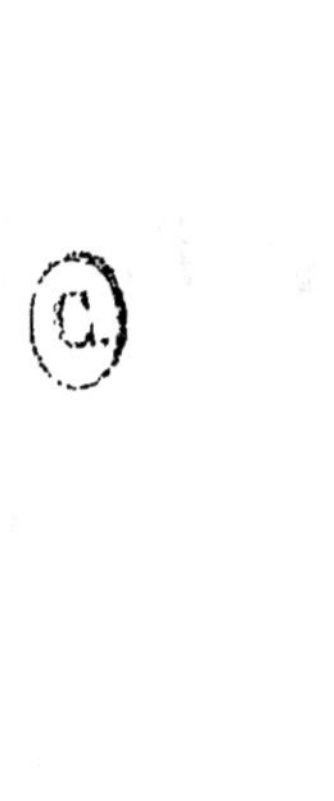

CAUSES

D'AFFAIBLISSEMENT

DE

L'INFANTERIE

PAR

VICTOR LEFAIVRE

Chef de bataillon d'infanterie, chevalier de la Légion d'honneur

PARIS

IMPRIMERIE BAILLY, DIVRY ET Cᵉ

RUE NOTRE-DAME DES CHAMPS, 49.

1860

CAUSES

D'AFFAIBLISSEMENT

DE

L'INFANTERIE.

Importance de l'infanterie.

Les militaires qui ont fait quelques-unes de nos grandes campagnes et qui ont été à même de réfléchir sur l'emploi de l'ensemble de toutes les armes qui constituent une armée, ne peuvent manquer d'être convaincus que l'infanterie qu'ils ont constamment vue à l'œuvre, en est l'élément fondamental, le seul qui puisse embrasser tous les genres d'opérations de guerre, le seul qui puisse agir isolément sans se compromettre, le seul, enfin, qui, en nombre suffisant, puisse raisonnablement prendre le nom d'armée.

Les autres armes ne sont que ses accessoires dans toute l'acception du mot, accessoires qui ont pour but unique de préparer les opérations, de les appuyer et d'en assurer le résultat. Cette infanterie doit donc être forte de physique et de moral, afin de supporter avec persévérance les fatigues inhérentes à sa constitution et à son objet, les privations qui lui sont imposées par les difficultés que présente son agglomération pour lui fournir tout ce dont elle a besoin, et le peu de ressources qu'elle a par elle-même pour se le procurer; enfin, pour exécuter avec énergie et sang-froid les actions de contact avec l'ennemi, soit par le feu, soit à la baïonnette.

Pour atteindre ce résultat, il semble qu'on devrait faire quelques efforts et préparer l'infanterie à remplir son objet, en la composant d'hommes capables de soutenir le poids d'une dette pareille. Il en est tout autrement; tous les soins sont dirigés sur les armes spéciales, qu'on tient dans un complet très-élevé, sous le prétexte du temps nécessaire à la formation de leur personnel, et que l'on dote du choix des contingents.

La pauvre infanterie, qui doit se contenter de ce qui reste, se voit ainsi sacrifiée, quoique principale, à ses accessoires.

Le choix des hommes pour toutes les autres armes
énerve l'infanterie.

Les prélèvements pour toutes les armes aux dépens de l'infanterie, sont la cause première de sa faiblesse virtuelle; ils lui enlèvent les hommes de taille et d'énergie, et ne lui laissent, pour la composer, que des sujets qu'on ne voit dans les rangs qu'avec un sentiment pénible, tant leur aspect paraît chétif et à peine propre aux fatigues de la guerre. Puisque ces prélèvements sont si funestes à l'infanterie, voyons s'il n'y aurait pas de raisons assez plausibles pour les diminuer.

Raisons pour diminuer le prélèvement opéré pour les armes spéciales sur le contingent annuel.

Dans nos grandes guerres où il n'y avait d'artillerie à cheval que pour agir avec la cavalerie, et où son rapport avec celle à pied, qui était chargée du poids de tout le service, se trouvait de 5 à 22, il fallait que cette artillerie à pied surtout fût composée des hommes les plus robustes, en raison de la nature même du matériel d'alors et des nombreuses fatigues auxquelles elle était soumise. Outre que l'artillerie à pied faisait les mêmes marches que l'infanterie, elle avait à soigner la conduite de ce matériel souvent arrêté dans les mauvais chemins, et, à chaque instant, il fallait des efforts inouïs de la part des canonniers, pour le tirer des mauvais pas qui tenaient souvent les parcs sur les routes, bien plus longtemps que les divisions auxquelles ils étaient attachés. On a presque toujours vu, dans nos campagnes, l'artillerie arriver aux gîtes ou dans les bivouacs à une heure avancée de la nuit, et être prête à partir avec les troupes avant le jour. Quand on songe de plus aux efforts que demandaient sur les champs de bataille ces maudits changements d'encastrement pour passer de l'ordre de marche à la mise en batterie *et vice versa,* surtout avec les pièces de 8 et de 12, on a une idée de la justesse des raisons pour lesquelles l'artillerie devait s'emparer des hommes les mieux constitués des contingents ; mais, depuis l'organisation et l'amélioration du nouveau matériel si léger, si facile à manœuvrer, qui permet à cette arme, en raison de sa mobilité, de se multiplier par des mouvements extrêmement rapides ; depuis que son personnel se trouve transporté : et sur les routes, au moins pour les éclopés et les clampins, et sur le champ de bataille au moyen de ce même matériel, les fatigues sont tellement amoindries, qu'à la rigueur, on pourrait dire, et avec quelque raison, que les hommes d'une constitution et d'un physique ordinaires pourraient suffire à son service.

L'arme du génie a besoin pour les soldats d'hommes robustes, parce que, dans les sapes, ils doivent exécuter de rudes travaux avec d'autant plus de célérité qu'ils sont exposés aux plus grands dangers ; mais il est inutile et même dangereux que ce soient des hommes de taille qui sont moins bien à couvert que les autres. Elle ne pourrait donc enlever à l'infanterie que des voltigeurs et non des grenadiers. Du reste, son prélèvement, qui ne doit fournir qu'au recrutement de trois régiments, est, sous le rapport du nombre, bien moins onéreux à l'infanterie que celui opéré en faveur des autres armes.

Les partisans et organisateurs du corps d'état-major, avaient donné suite à l'idée première d'y adjoindre un corps de troupe, et la création des guides était venue encore épurer le contingent ; depuis quelques années ce corps fait partie constituante de la garde impériale.

Il n'y a pas jusqu'aux équipages militaires qui n'exigent, pour conduire leurs prolonges, des hommes de choix dont ils privent encore l'infanterie. Je ne parlerai pas de la cavalerie, c'est une question à laquelle je suis trop étranger pour oser l'aborder avec quelque connaissance de cause.

Cependant je dirai que la cavalerie, en présence de l'ennemi, n'a d'effet que par la force de ses chevaux, elle est emportée presque malgré elle, son effet est dans l'action, dans le mouvement ; or, le moral ne manque pas au Français quand le sang est en mouvement, quand le corps par conséquent participe à ce mouvement.

L'infanterie seule est exposée à manquer de moral ; elle essuie tous les feux quelquefois sans se défendre : l'homme immobile dans le rang voit tomber son voisin, son chef de file et doit le remplacer ; il faut certes une force morale bien supérieure pour agir ainsi de sang-froid ; et, comment exiger la plus grande force morale chez les hommes les plus chétifs de toute l'armée ?

Personne ne peut nier que le moral de l'homme dépende en grande partie de sa constitution physique ; si quelques hommes dépassent 1 mètre 70 centimètres dans l'infanterie, ils n'y sont incorporés que parce qu'ils ont été jugés trop faibles pour les autres armes.

Il ne reste donc dans l'infanterie que les hommes de petite taille et quelques autres au-dessus de la moyenne, que leur faiblesse a fait rejeter des corps privilégiés par le recrutement ; dans les marches, en campagne, cette erreur des ordonnances sur le recrutement est encore plus sensible ; le fantassin est chargé d'un poids de 30 kilogrammes au moins, sans compter les vivres : il est obligé de supporter une fatigue dont n'approche nullement celle de la cavalerie et de l'artillerie, et pourtant c'est lui qui est le rebut du recrutement comme constitution.

Les bataillons de chasseurs à pied, depuis 1840, viennent encore retirer à notre arme le peu d'hommes robustes qu'elle pourrait avoir. Enfin, la garde nous enlève en dernier ressort tout ce qui nous reste de solide.

L'infanterie est le *sac de misère* de l'armée : on lui prend tout, et cependant elle seule doit pouvoir se passer des autres, qui ne sont rien sans elle.

Pourquoi donc ne fait-on aucun avantage à l'arme qui forme à elle seule la bonne moitié de l'armée ?

Quoi qu'il en soit, on voit qu'il serait possible d'employer pour les armes de l'artillerie et du génie des sujets d'un choix inférieur et en moins grand nombre, surtout si on ramenait leur effectif à de plus sages proportions avec la totalité de la ligne ; mais comment revenir sur ce qui se passe depuis une longue série d'années, quand on sait combien les armes spéciales ont de tendance à augmenter leur valeur absolue, et que, lorsqu'elles ont obtenu un avantage, il n'est guère de puissance humaine qui puisse le leur arracher, quoique les circonstances et les raisons qui les en ont gratifiées n'existent plus.

Je citerai à l'appui de cette dernière assertion deux faits qui frapperont tout militaire indépendant :

Lorsqu'on sentit le besoin de faire suivre les armées par des moyens de passage de rivières, l'artillerie seule avait des voitures de transport, il était alors tout naturel de la charger du matériel indispensable à ces sortes d'opérations, et même du soin de le mettre en œuvre ; mais depuis l'institution des troupes du corps du génie dans les attributions duquel entre la construction de tous les ponts militaires autres que ceux sur pontons, il devenait rationnel, du moment où cette arme possédait elle-même des moyens de transport, qu'on lui adjoignît les pontonniers, et qu'elle fût chargée seule de toutes les espèces de ponts, ainsi que cela se pratique chez les puissances étrangères.

On se demande, en effet, quel rapport peut exister entre un pontonnier et un artilleur dont la mission est de produire la plus grande efficacité de feu?

Et pourquoi l'artillerie elle-même, assez importante par la multitude de ses attributions et son nombreux personnel, n'a-t-elle pas eu le bon esprit de céder, lorsqu'il s'est agi de cette question, plutôt que de se défendre à outrance au seul semblant de se voir disputer une si petite plume de son aile? Il est rationnel de charger les troupes du génie du service des pontonniers, sans en augmenter pour cela le personnel. Il suffira de faire passer au train du génie la portion du train des parcs affectée au transport des équipages de ponts; ce sera une simple permutation, après quoi le 6ᵉ régiment d'artillerie devra être impitoyablement supprimé.

Le second exemple nous est offert par un corps

dont l'existence ne date pas de longues années : je veux parler du corps d'état-major. On a dû, pour donner de la consistance à ce corps de nouvelle formation, pour lui organiser un service, dépouiller les autres armes. Ainsi, on avait doté exclusivement ce corps de la construction de la fortification passagère au détriment du génie ! Tout en reconnaissant la capacité et l'instruction de ces nouveaux ingénieurs, personne ne pouvait nier qu'ils n'avaient, ni l'expérience que les officiers du génie acquièrent, d'abord à l'école d'application, ensuite dans les travaux de chaque jour, ni les moyens d'exécution que possède le génie. Il a fallu, par la force même des choses, revenir sur cette innovation, en laissant toutefois au corps d'état-major la *possibilité d'être chargé des ouvrages de campagne.*

Il n'a fallu rien moins qu'un ministre de la guerre, sortant du corps du génie, pour parvenir à ce but ; et, que de difficultés n'a-t-il pas eues à surmonter ?

Nécessité d'un Conseil supérieur de la guerre.

Comment, d'après tout cela, essayer d'attaquer de telles résistances ? Un conseil supérieur de la guerre pourrait seul opérer un tel prodige : encore est-il douteux qu'il puisse réussir. Dans son absence, les comités des armes spéciales ont trop d'influence contre celui d'infanterie, pour que celui-ci puisse lutter avec avantage. Le rétablissement de ce Conseil supérieur de la guerre, qui doit maintenir l'équilibre entre toutes les armes, doit devenir le Palladium de l'infanterie. Depuis sa suppression, l'artillerie et le génie ont pris des accroissements successifs, et le corps d'état-major a fourni un nombre de généraux hors de proportion avec son effectif.

Son existence serait un bienfait inappréciable, que l'armée doit appeler de tous ses vœux. Il ne tendrait à affaiblir les attributions du ministre, qu'autant que l'homme chargé de cette tâche si difficile à remplir, ne serait pas à la hauteur de sa position. Dès-lors, ce conseil supérieur serait un grand bien. Il devrait être composé, autant que possible, d'officiers généraux des quatre armes, en nombre proportionnel à l'effectif de chacune de ces quatre armes.

Améliorations à apporter dans la position des sous-officiers
et soldats dans les corps.

Après la constitution physique du soldat d'infanterie, il faut examiner sa position au corps, sous le rapport du bien-être qui doit lui faire aimer son métier; car c'est le but qu'on doit se proposer pour le conserver le plus longtemps possible sous les drapeaux.

Nourriture.

La nourriture du soldat dépend des ressources du pays où il tient garnison, et qui produit les denrées à un prix plus ou moins élevé, ce qui modifie son ordinaire en conséquence.

La nourriture du soldat est saine et suffisante; elle serait mieux entendue, si certains chefs de corps ou de détachement n'exigeaient pas que tel ou tel fournisseur servît pour telles ou telles compagnies. Leur intention est bonne, sans doute; mais, ce qu'ils ignorent, et ce que personne n'ose leur dire, c'est que le soldat, qui, par sa nature, est méfiant, croit toujours qu'on veut le voler (le mot est cru, mais technique), et pense que le chef désigne le fournisseur pour en retirer quelque avantage. Cette impression fâcheuse n'existerait pas, si chacun conservait strictement ses attributions. Le lieutenant est chargé de l'ordinaire, et le soldat doit choisir lui-même son fournisseur pour les denrées qui lui sont nécessaires. Qu'on laisse donc agir les inférieurs, et qu'on ne fasse que corriger leurs erreurs, sans leur forcer la main pour diriger leur action.

De cette méfiance peut naître le mépris qui entraîne à l'indiscipline.

Habillement.

Son habillement est aussi confortable que possible, malgré la multiplicité des changements qu'on lui fait subir si souvent.

Le simple cavalier, avec son brillant uniforme, le sapeur du génie, avec son plastron de velours, se croient les égaux de l'officier d'infanterie, si simple dans sa tenue. Il n'en faut pas davantage pour constituer l'esprit de corps ou d'arme. Pourquoi ne pas permettre que le sous-officier d'infanterie puisse, par quelques modifications qui ne nuiraient en rien à l'uniforme, puisse, dis-je, être fier de sa tenue? Notre comité d'habillement a rarement su flatter l'amour-propre de l'infanterie par la grâce du costume. Eh bien! qu'on permette au moins, en dehors du service, à celui qui peut le faire, de corriger son uniforme sur sa taille, de porter des épaulettes d'une étoffe ou d'une structure plus élégante sans en changer la forme. C'est accorder bien peu de chose pour obtenir beaucoup, savoir : l'amour-propre de la tenue et l'esprit de corps. C'est par les détails, par les minuties qu'on dégoûte les sous-officiers, et qu'on arrive à avoir si peu de sujets dans les régiments d'infanterie.

Dans la cavalerie, on permet les effets de fantaisie aux sous-officiers, en dehors du service, bien entendu; c'est un petit mal pour un grand bien.

Casernement.

Le logement laisse quelquefois à désirer; cependant, peu à peu on améliore le casernement de manière à prévoir le terme où il sera partout convenable, grâce aux réclamations incessantes des inspecteurs généraux.

Tracasseries, fatigues.

Ce qui devrait attirer sérieusement l'attention du gouvernement, vu la longue inertie dans laquelle on est resté à ce sujet, c'est le peu de soin que les chefs de tous grades mettent à épargner au soldat une foule de petites tracasseries, de fatigues inutiles qui l'abreuvent de dégoût, dans l'attente de prises d'armes, dans les manœuvres dont la rapidité devrait toujours être l'image de ce qui doit se faire à la guerre, par une succession sans interruption, et en évitant ces longs intervalles d'inaction que l'on emploie quelquefois à bornoyer des alignements ou à compasser des mouvements dont la lenteur refroidit l'esprit du soldat et offre la seule cause de l'ennui qui l'accable.

Avec des vues moins rétrécies, on obtiendrait des hommes soumis sans bassesse, obéissant par raison, plutôt que par contrainte, des hommes infiniment supérieurs à ceux qu'un joug continuellement appesanti sur de petits objets, aurait privés de la faculté de penser et d'agir par eux-mêmes.

Avec des idées un peu plus larges, et une ferme volonté, on arriverait à améliorer sensiblement ce qu'on appelle le service, de manière à le rendre assez tolérable pour que les hommes soient toujours contents et satisfaits, condition qui permettrait de tout attendre d'eux.

Que de temps perdu avant les revues, parades, etc., etc.! Les troupes sont sur pied quelquefois deux et trois heures d'avance, exposées au soleil ou au froid, pour attendre l'arrivée d'un général, d'un intendant. Le soldat est déjà fatigué par les inspections de son caporal d'escouade, de son sergent de section, de son lieutenant, de son capitaine et de son chef de bataillon; il arrive ainsi sur le terrain, où le poids de son bagage et son immobilité le rendent malade.

Quartiers consignés [1]. Appels dans la journée.

Nouvelle cause de dégoût : les appels dans la journée ont pour but d'empêcher le soldat de s'é-

---

[1] Presque toutes les observations faites dans ce mémoire sont basées sur des faits qui se passent en France dans nombre de régiments. En Afrique, au contraire, la plupart de ces abus sont supprimés. Y sert-on moins bien? Je ne le pense pas.

carter du quartier pour aller boire : les cantines du régiment en retirent un grand avantage. Les hommes ne sortent pas du quartier, à cause du peu de temps qu'ils auraient à rester dehors ; mais ils se consolent chez les cantiniers où ils attirent à eux, par leur proximité, bien des camarades qui ne seraient peut-être pas allés boire, si le quartier eût été libre.

Ainsi, rien de gagné pour la conduite des hommes, si ce n'est de l'ennui et de la mauvaise volonté pour les exercices suivants.

Les théories dans les chambres sont nécessaires, mais il faut éviter de les multiplier et de les allonger, pour ne pas tomber dans les mêmes inconvénients que plus haut.

Ce qui est dit pour les théories des soldats, peut être répété pour celles des officiers.

Théories et instruction des officiers.

Un officier doit avoir assez d'amour-propre pour apprendre l'A, B, C, de son métier. S'il ne sait pas sa théorie, la présence de son chef de bataillon ne la lui mettra pas dans la tête ; s'il la sait, il sera ennuyé.

Les théories devraient être raisonnées et appliquées. On fait répéter les petits volumes que les officiers ont entre les mains, comme un précepteur fait réciter une fable à son élève ; tout est pour la mémoire, et rien pour l'intelligence. Celui qui se rapproche le plus *des mots* de la théorie est considéré généralement comme *bon manœuvrier*... Je pourrais mettre en parallèle cette phrase banale : *C'est un bon officier*, appliquée, en France, à celui qui arrive toujours le premier à l'appel et à la théorie, parce qu'aucune occupation ne l'arrête à l'heure du service, peut-être parce qu'il n'a pas su s'en créer.

C'est ici le moment d'expliquer et d'attaquer l'expression d'*officier de salon* à laquelle il a été donné une extension stupide par les hommes jaloux des officiers qui ont reçu une bonne éducation.

Les journaux de l'opposition, toujours prompts à saisir des abus et à blâmer des faveurs là même où il n'y en a pas, ont donné le nom d'officier de salon à ceux qui, par leur position de fortune ou de famille, ont pu se faire attacher à des fonctions spéciales, où leur avancement devient plus rapide.

On a su arriver à donner une extension ridicule à cette qualification, je veux parler de la manière dont on juge quelquefois les officiers qui conservent des relations fréquentes avec la société.

Tout officier qui va dans le monde est appelé dans son corps *officier de salon*, soit par jalousie, soit par manque d'éducation de la part de ceux qui le blâment en secret ou en coterie ; c'est aux chefs de corps à employer toute leur influence pour rattacher *tous* les officiers au monde : loin de leur nuire, cela les rendrait meilleurs, et on parviendrait peut-être aussi à leur faire perdre les habitudes de café qui deviennent si fortes que le temps qu'ils y passent les empêche quelquefois de s'occuper de leur métier.

On se plaint beaucoup de cette vie de café que mènent les officiers ; en voici deux causes ; sans compter celle énoncée plus haut, savoir : Le peu d'encouragement offert à ceux qui travaillent ; puis, on morcèle la journée en France par une masse de petites portions d'occupation, entre lesquelles il reste à peine le temps de faire une promenade et moins encore un travail quelconque ; l'officier, en sortant de l'exercice, flâne en attendant l'heure de la théorie, de l'appel, de la parade, d'une revue de linge et chaussure ; s'il est fatigué, il entre au café. La journée est partagée ainsi en séances au quartier, pressées les unes sur les autres et dont les petites séparations sont remplies par cette vie de café, faute de mieux. Comment empêcher cela? en évitant la multiplicité de ces théories ou réunions à la caserne, qui, outre qu'elles sont inutiles souvent, deviennent nuisibles en faisant voir l'officier au soldat plusieurs fois par jour. Le prestige de l'épaulette devient nul par ce contact continuel.

Examen des différentes classes d'officiers.

On peut partager les officiers en trois classes : ceux qui sortent de l'école militaire, ceux qui, venant des sous-officiers, ont assez d'intelligence pour devenir quelque chose un jour ; enfin, ceux qui, sortant de la même source à un âge un peu avancé, ne dépassent pas le grade de capitaine.

Les premiers arrivent dans les corps avec quelques connaissances qui ne sont encore qu'ébauchées, et qui forment pour ainsi dire un programme qu'ils doivent remplir par des études à continuer en acquérant l'expérience du service ; ceux-là sont destinés à devenir la tête de l'armée, mais ils sont en bien petit nombre, car beaucoup, en arrivant dans les corps, perdent l'habitude du travail, surtout lorsqu'ils n'en ont pas le goût, et en sont souvent détournés par les détails du service, et quelquefois par le peu d'encouragement qu'ils reçoivent. Ces derniers sont les plus mauvais officiers des régiments.

Les seconds proviennent des jeunes engagés volontaires et de quelques appelés, susceptibles de profiter des leçons reçues à l'école du deuxième degré, lorsque celle-ci est bien dirigée, et en raison de ce qu'ils avaient déjà acquis avant leur entrée au service ; s'ils ont de l'intelligence, ils se trouvent dans la même position que les élèves de l'école militaire, et ils ont même sur eux l'avantage de mieux connaître les détails de l'administration régimentaire.

Les troisièmes sortis de cette même classe, se bornent aux stricts détails du service avec lequel ils s'identifient ; ce sont des hommes de rang, très-utiles pour l'instruction du soldat, des chevilles ouvrières de manœuvres, mais ne pouvant sortir du petit cercle que la théorie leur a tracé, bornant toute leur science à la bien connaître, ainsi que tout ce qui constitue le service intérieur.

Toutes ces différences disparaissent devant l'esprit de corps et surtout devant l'ennemi où les extrêmes se réunissent pour former un seul et même faisceau dont la force est le sûr garant de l'émulation et par conséquent de la victoire : les petites jalousies, les sottes intrigues disparaissent aussi pour faire place à un seul sentiment, national par excellence, l'honneur du drapeau.

Pour conserver chez les jeunes officiers cette ardeur qu'ils apportent en arrivant au corps, il y a à lutter contre quelques obstacles.

Le premier qui se présente et qui bouleverse en eux toute idée de justice distributive en laquelle a foi l'homme au début de sa carrière, consiste dans les avancements par intrigue dont on a eu tant d'exemples, quand les députés s'intéressaient aux nominations, dans les avancements surtout de ceux de leurs camarades dont la médiocrité bien connue est plus que compensée par la haute position de leurs familles qui les font marcher plus rapidement que ne peuvent jamais l'espérer les sujets les plus distingués du régiment, s'ils sont dénués de hauts protecteurs.

L'influence politique sur les nominations au choix était le fléau de l'armée ; un ministre, malgré tout le bon vouloir dont il était animé, ne pouvait quelquefois donner la préférence aux officiers les plus méritants, qui occupaient la tête du tableau d'avancement ; il en résultait pour ceux-ci un découragement qui tendait à détruire toute espèce d'émulation.

Un autre obstacle, qui a sur les jeunes officiers une action constante et immédiate, est celui qu'ils rencontrent dans leur propre chef, qui, lorsqu'il ne sait pas se mettre à la hauteur de sa position, en répartissant convenablement le service entre qui de droit, se laisse envahir par cet esprit de détails dont les corps sont écrasés par l'administration de la guerre, et qui, en absorbant tout leur temps en minuties qu'ils devraient repasser à leurs subordonnés, les rendent vis-à-vis des officiers, exigeants comme ils le sont à tort pour eux-mêmes, et les détournent de la marche à tenir pour rehausser le métier des armes, au lieu de le

rendre pénible par les détails auxquels ils donnent
une importance qui les rend, sans s'en apercevoir,
ridicules aux yeux des jeunes gens. Que dire d'un
général de brigade qui, dans une revue trimestrielle, trouve la tenue d'un régiment parfaite,
les manœuvres exécutées avec précision, et qui
cependant paraît excessivement mécontent, parce
qu'il trouve *au moins un homme par compagnie* dont
les pieds sont mal placés? Que dire du colonel qui,
après la revue, réunit en cercle ses officiers, leur
reproche sévèrement de n'avoir pas suivi ses in-
structions sur la pose des pieds qui est, dit-il, *la
base de leur métier*, et leur impose pour punition
l'exercice tous les jours? (Historique!) Qu'y a-t-il
de plus à blâmer, soit du système que s'imposent
les chefs de corps, ce qui en fait de vrais caporaux, les abrutit en les éloignant des idées et des
études qui doivent les préparer à devenir des
hommes de guerre, soit du peu de tact du général sorti de cette classe de colonels, qui, renché-
rissant sur le ridicule de ce système, force le
colonel à faire aussi du caporalisme qui le décon-
sidère, le pousse à fatiguer ses officiers de niaise-
ries, et à leur rendre le service insupportable,
absorbant leur temps en futilités fastidieuses qui
rétrécissent leurs idées et leur ôte toute envie de
s'instruire.

Rapports entre les officiers supérieurs et les officiers subalternes.

Une chose funeste, qui arrête le développement des facultés de l'officier d'infanterie et le ravale à ses propres yeux, c'est la distance à laquelle le tiennent certains officiers supérieurs et surtout la rudesse avec laquelle, lorsqu'il est en faute, ils le reprennent en présence de ses subordonnés ; on se demande si, pour maintenir la discipline et la subordination entre les différents grades, il est indispensable de rudoyer des officiers dont quelques-uns sentent bien vivement les apostrophes blessantes qui leur sont adressées, et qui quelquefois tendent à les exaspérer contre leur chef. En se reportant aux armes spéciales et au corps d'état-major, on y voit régner entre les officiers supérieurs et les inférieurs une sorte de bienveillance qui devrait toujours exister entre des hommes de la même trempe et qui doivent, en quelque sorte, parcourir la même carrière. Croit-on que, dans les armes spéciales, les officiers subalternes soient moins subordonnés, moins dévoués à leur métier ? N'existe-t-il pas parmi les officiers de tous grades, et même avec les généraux, des relations de service dans lesquelles le grade inférieur émet son opinion avec toute la liberté et la franchise autorisées par celui qui écoute, tandis que dans l'infanterie, l'officier subalterne ne peut se permettre la moindre réflexion avec son supérieur sans qu'elle soit taxée d'insubordination, ce qui arrête toute tendance à éclairer le chef qui souvent donne à côté, faute de renseignements positifs? On objecterait peut-être que, dans les troupes de ligne, il faut plus de sévérité que dans les armes spéciales : mais dans celles-ci il y aussi des troupes dont les sous-officiers et soldats participent à cette bienveillance générale qui agit sur tout le corps, aussi voit-on les canonniers, les sapeurs fiers de la manière dont ils sont traités, se croire bien supérieurs aux soldats de la ligne, se conduire avec plus de régularité et comparaître bien plus rarement devant les conseils de guerre.

On ne saurait trop réclamer contre le faux esprit qui règne à cet égard dans un certain nombre de régiments d'infanterie. Il semblerait que les officiers supérieurs prennent à tâche de faire sentir leur supériorité. Au lieu de rabaisser les officiers, on doit au contraire chercher à les relever, et en faisant que leurs obligations soient moins pénibles par les bons procédés employés envers eux, leur rendre le métier agréable, et les dédommager de la médiocrité de leur position pécuniaire et de celle qui les attend au bout de leur carrière.

De cette roideur des officiers supérieurs vis-à-vis de leurs inférieurs naissent des animosités et quelquefois des haines ; l'indiscipline s'ensuit et les punitions viennent augmenter le mauvais accord. Si la punition est infligée à tort, nulle réclamation ne peut être faite, car : soyez puni par un officier supérieur, le chef de corps ne donnera aucune suite à la réclamation que vous lui adressez ; soyez puni par le chef lui-même, le général de brigade dont les fonctions sont de passer une revue tous les trois mois, ne vous connaissant pas, s'en rapportera entièrement à votre colonel, bien heureux serez-vous si on ne double pas votre punition.

Comparaison entre les officiers d'infanterie et ceux
d'état-major.

Une autre influence bien fâcheuse encore est celle qui pèse sur l'infanterie par le corps d'état-major.

Dès leur début dans la carrière, les jeunes officiers d'infanterie sont soumis à une impression pénible en voyant leurs camarades de promotion sortis de Saint-Cyr pour l'état-major, devenir capitaines avant qu'eux-mêmes aient atteint pour la plupart le grade de lieutenant. Plus tard, ils éprouvent l'humiliation de se voir commandés à grade égal par leurs cadets de ce corps privilégié, et dans une telle circonstance, il peut arriver qu'un an-

cien colonel d'infanterie, sur le point de passer
général de brigade, qui a par conséquent l'habitude du commandement des troupes et celle de la
guerre, se trouve sous les ordres d'un lieutenant-
colonel qui vient d'être promu au grade supérieur. Cet immense avantage leur est acquis par
deux années passées à l'école d'état-major et
nombre d'années de repos dans l'insignifiant service des états-majors des divisions ou d'aides-de-
camp des officiers généraux, tandis que ceux de
nos officiers d'infanterie qui ont le feu sacré, ont
passé tout ce temps dans la pratique du service
des troupes, l'exécution des manœuvres, l'étude
des auteurs militaires, la direction des écoles, la
rédaction des travaux topographiques, de mémoires, etc.

Quand on compare ces deux genres de vie militaire, on doit sentir la différence qui peut exister
entre ceux qui les ont traversés, et toute l'amer-
tume que doit éprouver l'officier instruit, habitué
à manier les troupes et à juger de leur emploi,
lorsqu'il se trouve sous la coupe d'un officier
d'état-major le plus souvent moins ancien que lui,
et faisant valoir la force des règlements. Quel accord peut-il exister entre ces deux chefs, quand
celui de la troupe sait d'avance que tout le mérite
du résultat de l'opération dont ils seront chargés
ensemble, retombera sur l'officier d'état-major.

qui, avec ses camarades, doit comme d'habitude couvrir à son gré la liste des citations? Peut-il y avoir un moyen plus efficace que ce contact déplacé, pour détruire la noble ambition de l'officier de troupe et arrêter l'élan qu'il doit donner à ses hommes! Ceux qui connaissent le cœur humain doivent apprécier cette position, et être convaincus de l'absurdité et de l'inconvenance du commandement des troupes par les officiers d'état-major, et enfin de l'influence fâcheuse que leur présence doit produire sur l'action de ces mêmes troupes.

Les officiers d'état-major ne devraient sortir que de la ligne.

Nous avons traversé les grandes guerres de la République, du Consulat et de l'Empire sans la coopération du corps d'état-major ; les généraux trouvaient dans les troupes sous leur commandement des officiers de choix pour le service de l'état-major général, et lorsque ceux-ci laissaient quelque chose à désirer sous le rapport de la science des reconnaissances, les officiers du génie suppléaient à cette faible partie de leur service. Tout marchait au gré des officiers généraux.

Maintenant que la plus grande partie de nos officiers d'infanterie ont reçu l'instruction de l'école militaire, et que portion de ceux-ci continue dans les régiments à s'occuper de tous les travaux qu'exécutent les officiers d'état-major, les corps de l'armée ne contiennent-ils pas une pépinière d'officiers capables de composer, au moment d'une guerre, un bon corps d'état-major, en ce qu'ils n'auraient pas cessé de commander les troupes et de s'occuper d'études spéciales. Ce qui pourrait leur manquer maintenant, pourrait être ajouté au programme des études de Saint-Cyr.

Leur sortie des régiments au début d'une guerre, donnerait des vacances qui procureraient le moyen de faire une promotion nombreuse, laquelle produirait dans l'armée un élan considérable.

En temps de paix, on préparerait sur le papier les éléments de ce corps à improviser, par une liste au choix, présentée par l'inspecteur général qui serait aidé par un jury d'examen. Ce serait un tableau d'avancement plus étendu et plus sévère.

On ne peut douter que cette mesure ne tende à maintenir dans l'armée un esprit d'émulation, et n'augmente considérablement le nombre des officiers instruits.

On obtiendrait ainsi une économie de près de **3,000,000 fr.** en temps de paix pour la solde du **corps actuel d'état-major** et de son école, et on **ne conserverait en officiers** que le strict nécessaire pour le service des divisions et les aides-de-camp des généraux.

Les programmes à donner aux officiers inférieurs pour les travaux topographiques sont très-restreints, ils se réduisent à quelques itinéraires, défenses de postes, établissements de grand' gardes, constructions de redans, choix de camps, bivouacs, etc. On leur interdit toute question de haute portée : opérations générales, attaque des places, stratégie, etc.

Puisque des officiers subalternes ne peuvent aborder de semblables matières, elles doivent devenir l'objet des travaux d'officiers supérieurs, qui, dans certains grades, ayant tout le temps nécessaire pour se livrer à des études sérieuses, pourraient l'employer avantageusement. Si on exige des travaux topographiques et des mémoires militaires des jeunes officiers, pour utiliser ce qu'on leur a enseigné à l'école de Saint-Cyr, et développer leur intelligence par la lecture obligée des ouvrages qui peuvent les mettre sur la voie de la rédaction de leurs mémoires, pourquoi n'en exigerait-on pas, *à fortiori*, des officiers supérieurs, plus à même qu'eux, par leur âge et ce qu'ils ont déjà appris au service, de faire

des applications fructueuses de leurs connaissances?

Les mémoires que rédigeraient ces officiers ne
pourraient que se ressentir de l'expérience qui
leur est déjà acquise à cette époque de leur vie.

Inconvénients de charger les chefs de corps de trop de détails
au-dessous de leur position.

Cette mesure devient d'autant plus nécessaire
que l'emploi de colonel est tellement absorbé par
tout ce que les règlements exigent des officiers de
ce grade, que le temps leur suffit à peine pour y
satisfaire, et qu'il leur est physiquement impossi-
ble, à la veille de passer généraux, de se préparer
à se mettre à même d'en remplir avec fruit tous
les devoirs en campagne, leurs occupations de
chaque jour ne pouvant guère avoir d'autre résultat que de les conduire à bien passer une revue
trimestrielle, faible fraction des fonctions de général de brigade.

Cette foule de détails, quoiqu'ils aient leur degré d'utilité, ne sont-ils pas trop multipliés, et ne
doit-on pas craindre d'arrêter ainsi l'essor de ceux
dont l'intelligence peut s'appliquer avec fruit à
des idées et à des études d'un ordre plus élevé?

Devrait-on jamais oublier que la paix doit, autant que possible, être l'image de la guerre? qu'on
doit occuper les hommes, officiers et soldats, le

plus que faire se peut, à tout ce qui se rapproche de ce qui se fait à la guerre? Si on avait
toujours pour guide ce précepte dont on ne devrait jamais s'écarter, si on agissait toujours dans
ces vues, que d'inutilités n'élaguerait-on pas du
service !

Cela peut paraître un paradoxe pour les routi-
niers qui tuent l'esprit militaire, mais ce n'en est
pas moins une grande vérité pour celui qui comprend le métier des armes dans toutes ses phases,
et ne s'arrête pas, comme on le fait, à quelques
particularités.

Somme toute, il serait à désirer que les colonels
fussent déchargés d'une grande partie de la beso-
gne de détail qui les accable, laquelle devrait être
obligatoirement répartie parmi les autres officiers
supérieurs.

Il est donc essentiel jusque-là, puisqu'on ne
peut compter sur les études des colonels, que les
autres officiers supérieurs profitent entièrement
des loisirs dont ils peuvent jouir, pour traverser
plus tard le grade de colonel, qui doit être pour
eux une lacune dans leurs études, afin que cette lacune soit la moins fâcheuse possible pour eux ; et,
comme nous sommes naturellement portés à ne
faire que ce qui est ordonné, il est indispensable
que de nouvelles obligations réglementaires, qu'une
bonne décision ministérielle, vienne, dans l'inté-

rêt de l'armée, atteindre le but de la mesure que nous proposons, et dont nous pensons qu'on n'aura qu'à se louer.

Travaux topographiques.

Pour obtenir de bons résultats comme travaux, il faudrait savoir récompenser les officiers qui s'occupent et remplissent par leur travail les courts espaces de temps que leur laisse le service.

Une simple circulaire était envoyée aux officiers qui s'étaient distingués par lesdits travaux ; n'était-ce pas avouer tout haut que l'on comptait pour rien ces envois au dépôt de la guerre ?

On y faisait si peu d'attention que la plupart des inspecteurs généraux établissaient leur liste d'avancement avant même de savoir si les officiers avaient travaillé ou non. Aujourd'hui, on n'y fait plus aucune attention !

Les insertions au Journal militaire devraient, dans certains cas, donner à l'officier la chance d'être porté sur le tableau d'avancement. Néanmoins, il est nécessaire de s'assurer, par tous les moyens possibles, que les travaux sont exécutés par les officiers qui les signent.

Ne pourrait-on pas, si on recule devant la dépense que causerait un cadeau de cartes ou de livres fait à l'auteur, ne pourrait-on pas doter le **régiment** auquel appartient l'officier, d'un ouvrage utile qui formerait un fond de bibliothèque?

Cet ouvrage porterait le nom de celui qui a mérité l'encouragement, et chacun s'empresserait de faire obtenir à son corps un souvenir des services qu'il a pu rendre à l'armée, en se mettant à même, par ses travaux, de mériter cette distinction.

Bibliothèques régimentaires.

Ou arriverait ainsi, petit à petit, à avoir des bibliothèques militaires passables dans chaque régiment. Les officiers pourraient profiter des moyens qu'ils auraient sous la main, et ne reculeraient pas devant la crainte d'être refusés à la porte des bibliothèques particulières des régiments du génie et d'artillerie, lorsqu'ils sont dans des garnisons d'écoles. Comment veut-on qu'un officier s'instruise? On ne doit pas, ce me semble, supposer qu'avec sa solde si modique, il puisse acheter et transporter avec lui un choix de bons auteurs.

Armement. Tir. École de tir.

L'armement est meilleur depuis la suppression du silex; mais que de peines n'aura-t-on pas encore pour amener l'arme à avoir une bonne portée et une justesse satisfaisante? Chaque jour, on fait à Vincennes de nouvelles expériences; chaque jour, quelque amélioration est apportée dans notre système; espérons qu'un jour, nous verrons cesser la tyrannie qu'exerce l'artillerie sur l'infanterie quant à l'armement, et que les inventions et perfectionnements que trouveront ceux qui s'occupent de balistique, seront mis à exécution sans être soumis au contrôle avilissant et absurde d'une arme spéciale, qui, loin de faire du bien à l'art du tireur, n'a fait qu'en retarder le progrès par sa jalousie et son amour-propre mal placé.

La théorie du tir a amené dans les corps une meilleure application du feu individuel. Pourquoi l'esprit paperassier de notre époque est-il venu ici, comme en tout, nous donner un revers de médaille? Je veux parler de la complication de *trente* nouveaux livres à feuillets mobiles et immobiles dans chaque régiment, comme si la comptabilité et le matériel n'étaient pas déjà assez considérables!

Les officiers et sous-officiers envoyés à l'école de tir doivent être choisis parmi les sujets dont l'instruction est la plus complète, surtout en mathématiques. Il est rare qu'il en soit ainsi; d'abord, parce que certains chefs de corps ne connaissent nullement la valeur des études qu'on exige des élèves à Vincennes, ensuite, parce qu'ils regardent ces mêmes études comme très-secondaires dans notre métier.

Les sabres des compagnies d'élite sont meilleurs que les anciens briquets, mais leur utilité n'est pas reconnue, et je ne vois pas pourquoi on ne donnerait pas dans chaque compagnie un certain nombre de haches à main, qui seraient bien meilleures même comme armes; elles serviraient au moins à faire du bois au bivouac et en route, opération pour laquelle le sabre modèle 1831 est si incommode qu'on le laisse, la plupart du temps, au dépôt quand on entre en campagne.

Ces haches seraient entre les mains des premiers soldats dans chaque compagnie. On ne peut opposer à cette question ni le poids de l'arme, ni son prix, car la hache à main ne pèse que $0^k,89$, et ne coûte que 2 fr. 87 c.; tandis que les sabres d'infanterie pèsent 2 ,31 et coûtent 8 fr.

Suppression des compagnies d'élite.

Ces premiers soldats, dans chaque compagnie, feraient supprimer les compagnies d'élite, qui ruinent les compagnies du centre, et privent, au profit de deux officiers par bataillon, les six autres qui restent, de tous leurs bons soldats.

Un mot sur les remplaçants.

Les corps étaient infestés d'une masse de mauvais soldats reçus des bureaux de remplacement; ces maisons étaient de véritables plaies qu'on est

enfin parvenu à détruire. Le système adopté ré-
sout la question d'une façon très-satisfaisante.

Améliorations proposées pour les sergents-majors.

C'est sur le sergent-major que repose l'administration, la tenue et la police des compagnies. La
multiplicité des états exigés maintenant dans les
corps rend leur travail très-compliqué; un sergent-
major qui fait bien son devoir, n'a pas un instant
libre dans la journée, et, souvent, il est obligé de
prendre sur son sommeil pour régler chaque tri-
mestre et faire ses états d'inspection générale. Son
arme lui est inutile dans les manœuvres; il rem-
plit presque constamment les fonctions de chef de
section; en route, aux haltes, il écrit et annote ce
qui lui est ordonné, etc., etc.; son bagage le gêne;
or, tout ce qui est inutile est nuisible; donc, on
devrait le débarrasser de son accoutrement de
soldat, et, en lui laissant le signe distinctif du sous-
officier, l'épaulette de laine ou de drap et la ca-
pote grise à taille, lui donner le sabre de l'adju-
dant. Ce sont de petites choses, il est vrai, mais il
n'en faut pas plus pour flatter sa vanité, amener
du bien-être dans sa position, et, sous ce rapport,
cette motion me paraît bonne.

Les frais de bureau attribués à ce grade sont
trop faibles; il est évident, par l'expérience, que
les deux francs mensuels accordés sont compléte-

ment insuffisants. On les expose, par cette ladrerie, à se faire faire des remises de papier par les fournisseurs de leur compagnie, chose trèsfâcheuse, difficile à vérifier, et qui est cause chaque année de quelque suspension ou cassation, quelquefois même de mise en jugement.

Des caporaux.

Les caporaux sont en contact continuel avec les soldats. On a mis trop peu de distance entre ces deux classes; il s'ensuit que le grade qui a le moins d'influence morale sur le soldat, par cela même qu'il est le premier échelon de la hiérarchie militaire, est aussi le moins soutenu dans son autorité, par le fait même qu'il approche trop du simple soldat. Exigez donc que le caporal ne mange pas à la même gamelle que son subordonné, ôtez-lui la veste qui indique l'homme de corvée, et ce sera déjà un pas de fait pour exiger qu'on lui porte le respect dû à ses galons.

De certaines économies dans les corps.

Depuis la suppression des masses noires qui ont eu dans le temps de si fâcheux résultats, on s'attache à faire des économies sur toute espèce de fournitures. Je citerai, comme exemple, les économies de bois. On cherche à diminuer la consommation du bois de cuisine, et, dans certains régiments, on va si loin, que la viande n'est pas cuite, parce que les cuisiniers n'ont pas eu assez de combustible ; la ration allouée pour chaque fourneau est reconnue nécessaire et suffisante ; on devrait donc tenir la main à ce que la consommation en soit complète.

L'argent provenant de la vente du bois d'économie sert à couvrir les dépenses qui ne sont pas prévues et que le règlement ne permet pas de faire figurer sur le cahier d'ordinaire ; pourquoi, lorsqu'une dépense est reconnue nécessaire, ne peut-on pas l'avouer ? On veut que telle ou telle chose existe dans un régiment, et on ne veut pas qu'on l'achète ; voilà la raison pour laquelle les chefs de corps se voient quelquefois forcés d'employer la ruse.

Qu'on sache donc ordonner les choses dont on exige l'existence !

Obligation d'engagement à imposer aux enfants de troupe.

Il existe une lacune fâcheuse dans les ordonnances relatives aux enfants de troupe ; on s'occupe de ces enfants, le Gouvernement les instruit, les habille, les loge et les nourrit à ses frais, et ces enfants, après leur éducation faite, peuvent, lorsque leurs 18 ans sont révolus, abandonner le corps qui les a élevés, et entrer dans la vie civile.

Pourquoi ne pas profiter de l'éducation militaire qu'on leur a donnée, pour en faire de bons comptables ou même des musiciens? Une ordonnance devrait les obliger à servir sept ans dans le régiment qui les a élevés; ils paieraient au moins ainsi les soins qu'on a eus pour eux et les dépenses qu'on a faites, qui seraient en pure perte s'ils partaient, comme presque tous le font.

On ne les prend donc que dans un but de philanthropie? Très-bien! Mais on peut au moins en profiter à l'avantage des corps déjà si pauvres en sujets; d'ailleurs, ces enfants pour la plupart n'ont plus de famille, ou, s'ils en ont une, elle est peu aisée, puisqu'elle a laissé à d'autres le soin de leur éducation physique, morale, religieuse et intellectuelle.

Les écoles régimentaires ne sont pas assez encouragées
dans les corps.

On donne dans les corps un semblant d'intérêt aux écoles régimentaires; la vérité pourtant est que tout le monde met des entraves à l'instruction; aucun encouragement n'est donné aux bons élèves; l'ancienneté de service, revêtue de sa nullité, l'emporte souvent sur l'instruction, et tel sous-officier qui aura obtenu des succès dans les cours régimentaires, ne sera pas porté au tableau d'avancement, parce que son capitaine, un jour, ne voulant pas se donner la peine de faire lui-même un état qu'on lui demandait, n'aura pas trouvé ce sergent-major pour tracer l'état ; le sergent-major est à l'école, il manque à l'appel de son capitaine, donc il ne fait rien !

On n'accorde à l'école que le temps complétement perdu ; les sous-officiers sont trop persuadés que ce service est très-secondaire, et leur persuasion vient de ce qu'on ne laisse pas à l'officier directeur le temps nécessaire pour diriger convenablement l'instruction.

On conviendra cependant que pour être officier *complet*, il faut connaître le français, l'arithmétique, un peu d'histoire et de géographie, la fortification passagère, la topographie irrégulière, et enfin un peu de législation militaire, afin de pouvoir siéger avec connaissance de cause dans un conseil de guerre.

Voilà donc six matières à étudier ; le directeur obtient avec peine six heures par semaine : aussi dit-on que les écoles ne peuvent produire aucun résultat !

Si on néglige l'école du 2ᵉ degré, on s'occupe beaucoup trop de celle du 1ᵉʳ degré, en ce sens qu'il ne se passe presque jamais trois ans, sans que quelque innovateur industrieux et industriel vienne exploiter l'armée et le budget de la guerre.

Chaque méthode peut être considérée comme

bonne dans les régiments, parce que les hommes apportent assez d'attention pour arriver au but, quel que soit le chemin ; mais pourquoi changer constamment et entraver l'instruction en multipliant les dépenses ?

Somme toute, les écoles sont annihilées dans presque tous les régiments ; l'instruction n'est nullement encouragée.

La somme de 50 fr. affectée aux dépenses trimestrielles est insuffisante.

Gymnase, danse, escrime, musique, exercice à la baïonnette.

Lé gymnase, la danse, l'escrime, la musique et l'exercice à la baïonnette étant reconnus de la plus grande utilité pour le développement des facultés physiques de nos jeunes soldats, il faut les encourager dans les corps. Les hommes deviennent, en s'y appliquant, plus souples et plus alertes ; leur santé n'en est que meilleure.

Le premier de ces exercices est avantageusement remplacé dans la cavalerie par l'équitation et la voltige.

Des sous-lieutenants adjoints aux trésoriers.

Une ordonnance du 16 mars 1838 prescrit que les sous-lieutenants adjoints aux trésoriers doivent quitter leurs fonctions spéciales en passant au grade de lieutenant, et rentrer dans les compagnies.

Il est probable que le but de l'ordonnance était d'obtenir que les officiers puissent tous faire le service d'instructeurs, et n'oublient pas les manœuvres en restant trop longtemps dans les bureaux.

Le remède est pire que le mal : les fonctions de trésorier sont très-importantes ; le service en est pénible, difficile et très-compliqué. Comment a-t-on la prétention d'avoir de bons capitaines trésoriers avec une pareille mesure? Il est clair que le sous-officier qui passe officier pour remplir les fonctions d'adjoint au trésorier, ne s'applique à son affaire que très-médiocrement ; il prévoit qu'il ne restera pas au bureau quand il obtiendra l'épaulette de lieutenant, et s'occupe alors des manœuvres et du service intérieur plus que de la trésorerie, afin de ne pas rester en dessous des autres quand il aura obtenu de l'avancement. Qu'arrive-t-il alors? il passe lieutenant, et, plus tard, quand il peut être porté pour capitaine, il a oublié le peu qu'il avait fait dans les bureaux, et ne fait jamais qu'un mauvais trésorier s'il est proposé pour ces fonctions.

Si, au contraire, un sous-lieutenant adjoint au trésorier sait qu'en passant lieutenant, il restera au bureau, il travaillera sérieusement, étudiera à fond la matière qui doit l'occuper, et sera apte, une fois lieutenant, à faire un bon capitaine-trésorier.

C'est une question très-importante, qui n'a peut-être pas été assez approfondie en 1838.

Perturbations produites par la variété des méthodes des inspecteurs généraux.

Les généraux-inspecteurs ont tous été colonels de régiments; tous, à l'exception de ceux provenant du corps d'état-major, connaissent les petits moyens qu'emploient forcément les chefs de corps pour faire disparaître les défectuosités qui peuvent exister dans les diverses parties du service. Tel ou tel inspecteur a telle ou telle marotte; l'un agit d'une manière, l'autre d'une autre ; delà bouleversement dans un régiment à l'approche de l'inspection, parce que le chef de corps, d'après les informations qu'il prend sur les manies de celui entre les mains duquel se trouvera l'avenir de tous ses inférieurs, cherche à flatter ses désirs en faisant d'avance les changements que cet inspecteur a l'habitude d'ordonner, en préparant à la manière d'interroger, etc., etc.

Voilà un régiment dont les habitudes sont bouleversées, dont la marche d'instruction est quelquefois changée pour un laps de temps très-court, et les ordres donnés pour ce moment doivent être considérés comme non-avenus après le départ du général.

D'où vient ce désordre? De ce que la marche à suivre dans les inspections n'est pas assez bien déterminée par les ordonnances ministérielles qui ne font que tracer un cadre que remplissent à leur volonté les inspecteurs-généraux. Un régiment doit être constamment dirigé de la même manière, et la présence de l'inspecteur ne devrait en rien modifier l'action du service ordinaire.

Ces changements ne sont réellement que des entraves; les inspecteurs devraient bien savoir que si on exécute ce qu'ils ont ordonné, leurs ordres pourront être contrariés par les inspections suivantes, s'ils ne s'appuient pas exclusivement sur les règlements.

Ces inspections ne sont pas non plus faites assez longuement pour opérer, s'il y avait lieu, un changement notable dans le choix fait par les chefs de corps qui connaissent, du reste, leurs officiers de longue main; et ce n'est qu'avec un tact parfait qu'un général peut arriver à corriger des erreurs.

La grande mission des inspecteurs se réduirait donc à réformer des abus par trop évidents et qui sautent aux yeux de prime abord: à ce titre déjà, le résultat des inspections est bien important.

L'infanterie est à tort la seule victime dans les réductions de l'armée et dans les organisations de nouveaux corps.

L'infanterie supportera toujours les conséquences fâcheuses des désorganisations ou réductions dans l'armée. Dans les circonstances difficiles, on n'a pas reculé devant l'augmentation des régiments, des bataillons, des compagnies; on a agi de même dans l'artillerie, le génie et la cavalerie; une fois le danger passé, on allége le budget au détriment de l'infanterie; les augmentations subsistent toujours dans les corps spéciaux et dans la cavalerie, mais c'est sur l'infanterie que retombe tout le fardeau. On s'appuie bravement sur ce faux axiome :

« *On peut former un bon soldat d'infanterie en six mois !* »

Oui, si l'on considère comme bon soldat celui qui sait faire le maniement d'armes et la charge; mais il n'en est pas ainsi, car un soldat n'est réputé formé que lorsqu'il connaît à fond ses devoirs comme inférieur, son service comme homme de rang, comme tirailleur isolé surtout; et, pour y arriver, l'école de tir, non pas comme théorie, mais comme pratique, doit lui être parfaitement familière, et un an suffit à peine pour le rendre soldat complet en cette matière.

Je ne parle ici que de son instruction; que de

choses j'aurais à alléguer encore si j'attaquais le chapitre *éducation militaire*, qui renferme à lui seul toutes les vertus d'un bon soldat ou tous les vices d'un mauvais!

L'éducation militaire comprend : discipline, obéissance, propreté, économie, moralité, amour-propre, esprit de corps, etc., etc. Qui pourra dire qu'en six mois une armée nouvelle pourra être imbue des principes renfermés dans ces vertus toutes militaires?

Si un soldat doit avoir un an de présence au corps pour tirer convenablement et comprendre toute sa mission, que dirai-je des sous-officiers? Que, après deux et trois ans, malgré tous les soins qu'apportent les instructeurs, on n'arrive pas à avoir dans chaque régiment douze bons sous-officiers, et on voudrait que les cadres, en cas de besoin urgent, fussent formés convenablement à l'apparition subite d'une loi, quand les chefs de corps manquent de sujets pour remplir les places devenues vacantes par le départ de sujets passables dégoûtés du service?

La réduction de l'effectif doit cadrer avec le budget, rien de plus juste; mais il faut, si on ne peut avoir de suite de bons soldats dans un moment de crise, avoir au moins de bons cadres, pour former le plus vite possible les conscrits.

L'infanterie seule éprouve ces embarras, parce

que son comité n'a pas su prendre parmi les autres la place qu'il devait occuper, savoir : la première. Dans les augmentations d'infanterie, on admet quelquefois des officiers de toutes armes ; il a existé des exemples révoltants pour tout officier d'infanterie qui a la conscience de la valeur de son arme.

En 1841, par exemple, le 7 décembre, on a formé trois bataillons de tirailleurs indigènes en Afrique. Les trois emplois de chef de bataillon devaient nécessairement échoir à des capitaines d'infanterie.

Nullement : le 1er bataillon fut commandé par un capitaine de chasseurs d'Afrique (cavalerie), le 2e par un capitaine de 2e classe d'état-major, et le 3e par un capitaine en 2e d'artillerie ; tous trois nommés chefs de bataillon d'infanterie dans ces corps !

Combien de places ne nous a-t-on pas enlevées à la formation des chasseurs d'Orléans !

Admettrait-on des capitaines d'infanterie dans les corps spéciaux ou dans la cavalerie ? Non. Eh bien ! que la loi soit une pour tous et que ces vols exorbitants au détriment de l'infanterie ne subsistent plus !

L'article 13 de l'ordonnance du 14 avril 1832 est très-précis, et s'oppose formellement à ces changements d'armes. Tout cela n'arriverait pas si le comité d'infanterie avait assez de force, ou s'il était appuyé par un conseil supérieur de la guerre.

Quelques hommes par compagnie devraient connaitre la manœuvre du canon.

En relisant les relations de nos guerres de toutes les époques, on a pu remarquer, si on a examiné avec attention les détails de plusieurs batailles, que dans les divers contacts de nos troupes avec celles de l'ennemi, nos généraux, gênés par le feu de batteries qui nous faisaient beaucoup de mal, se voyaient forcés d'y diriger de vigoureuses attaques pour s'en débarrasser, et que le plus souvent la valeur française, excitée par les difficultés de l'entreprise, finissait par les emporter. De semblables opérations n'étaient pas exécutées sans perdre beaucoup de monde, et on avait toujours à gémir de ce qu'on ne pouvait tirer tout le parti possible d'un succès acheté si chèrement, obligé qu'on était de laisser sur place les pièces qu'on venait d'enlever à l'ennemi. Quel tout autre résultat n'obtiendrait-on pas, si, au moment même, on pouvait tourner ces pièces contre lui ?

Quel effet moral serait produit sur cet ennemi, lorsque ses propres boulets iraient bouleverser ses rangs et augmenter le désordre de la retraite d'un corps qui vient d'essuyer un choc par lequel il a été renversé en abandonnant ses canons? Quel avantage encore plus grand, si, dépourvues d'artillerie, les troupes qui viennent d'enlever la batterie, l'entendent tonner de leur côté pour appuyer leur mouvement? Avec quel nouvel élan ne marcheraient-elles pas à l'ennemi pour compléter la défaite?

Il n'y a pas de militaire qui, dans une pareille occurrence, n'ait déploré l'impossibilité de faire immédiatement usage des pièces tombées inopinément en notre possession ; cependant les canonniers appliqués à notre matériel, qui peut d'ailleurs se trouver à une grande distance, ne peuvent en être distraits pour mettre en batterie celui qui est tombé entre nos mains ; il n'y a que des bras étrangers, pris sur les lieux mêmes, qu'on puisse mettre en œuvre pour avoir un résultat instantané ; c'est donc dans le corps seul qui vient d'enlever la batterie qu'on doit trouver les ressources dont on a subitement besoin, et pour satisfaire complétement à ce besoin, il est indispensable que la troupe procure, par son organisation même, les moyens qui manquent. On est donc conduit à chercher dans la ligne des canonniers auxiliaires préparés à l'avance ; et quoique les faits dont il s'agit ne se rencontrent que rarement à la guerre, ils sont cependant d'une telle importance, que, seuls, ils fourniraient une raison déterminante

pour introduire dans l'instruction de l'infanterie
le **tir** du canon de campagne.

N'a-t-on pas, du reste, de nombreuses occasions
d'employer ces canonniers auxiliaires dans l'attaque et la défense des places, pour lesquelles l'infanterie est obligée de tripler par ses hommes le
personnel de l'artillerie? Il peut arriver aussi que
des positions retranchées soient garnies d'un matériel isolé, qui trouverait alors ses servants dans
les troupes chargées de la défense.

Plusieurs raisons très-prépondérantes se réunissent donc pour engager à prendre une mesure
qui tendrait à satisfaire à tous ces besoins. On pro-
poserait alors de former au tir du canon dix ou
douze hommes par compagnie avec un caporal
et un sergent; on les choisirait parmi les hommes
les plus adroits et les plus instruits, et on leur
donnerait le titre de premier soldat. avec la mar-
que distinctive adoptée pour les armes spéciales
et la cavalerie, recevant la haute paie attribuée à
l'homme d'élite. Ce serait encore pour l'infanterie
un but honorable d'émulation et un motif pour
relever cette arme à ses propres yeux. en lui four-
nissant les moyens de se suffire encore plus à elle-
même dans plusieurs circonstances essentielles et
d'obtenir de plus grands résultats que ceux qu'on
a droit d'attendre d'elle.

On trouverait parmi les officiers qui sortent de

l'école militaire des instructeurs capables de former les sous-officiers, qui, eux-mêmes, instrui-
raient les soldats. Il n'y a pas de garnison où on
ne pourrait mettre à la disposition de chaque corps
une ou deux bouches à feu destinées à cette instruction ; et il serait même à désirer qu'on eût, à
cet effet, un matériel semblable à celui employé
dans les armées étrangères, afin que nos fusiliers
soient moins empruntés pour manœuvrer les
pièces qui tomberaient en leur pouvoir sur le
champ de bataille.

Raisons pour diminuer l'effectif de l'artillerie en rehaussant
le fantassin.

Au moment de l'action, sur les lieux mêmes,
d'après l'indication du chef de bataillon, sans hési-
tation et sans le moindre désordre dans les rangs,
on aurait de suite des servants à lancer sur les canons enlevés, avec le sergent pour commander
chaque pièce, et de jeunes sous-lieutenants dési-
gnés à l'avance, pour prendre le commandement
d'un couple et en diriger le feu d'après leur propre
impulsion d'abord, afin de ne pas perdre un instant, en attendant les ordres ultérieurs du chef de
corps.

On improvise un canonnier (je veux dire un
tireur de canon) bien plus facilement qu'un fantassin, et on en trouve une preuve irrécusable dans

ce qui se passe aux siéges et défenses de places, où le personnel de l'artillerie étant toujours insuffisant, on est obligé d'employer des hommes d'infanterie, qui au bout de quelques jours manœuvrent les pièces de siége et de place à la satisfaction des vieux artilleurs.

Il y a bien une espèce de canonniers pour lesquels il faut beaucoup plus de pratique que pour ceux destinés seulement au tir des bouches à feu : ce sont ceux employés à la confection et au placement des munitions, ceux attachés au service des établissements d'artillerie ; enfin, peut-être aussi ceux chargés du tir du mortier, pour lequel un seul homme intelligent suffit par bouche à feu pour donner les degrés. Les premiers se trouvent dans les troupes *ad hoc* : les compagnies d'artificiers, ou bien, à leur défaut, dans les trois ou quatre artificiers attachés à chaque batterie et dans les compagnies d'ouvriers; pour les derniers, le nombre doit en être si restreint que, quelque faible que soit le personnel des batteries, on en aura toujours beaucoup plus que les besoins du service n'en exigent.

L'artillerie proprement dite se compose en ce moment de seize régiments, sans compter la garde, c'est-à-dire d'un personnel supérieur à celui qui existait en 1812, lorsque notre infanterie était au moins triple de celle maintenue sur pied en ce moment; à la vérité, il faut y ajouter douze esca-drons du train qui ont été en partie supprimés, mais qui sont bien compensés par l'augmentation que chaque régiment a reçue en canonniers con-ducteurs pour faire le même service. Je mets en dehors les pontonniers et les compagnies d'ou-vriers.

Outre que ce personnel, capable de servir treize cent cinquante bouches à feu, est hors de propor-tion avec les armées qu'on mettra désormais sur pied, on fera remarquer que, pour le tenir au complet (ce à quoi tient l'artillerie pour conser-ver son importance), on part, comme je l'ai déjà dit d'un principe passé avec le temps en axiome, au moyen duquel on veut fermer la bouche à tout contradicteur : C'est qu'il faut beaucoup plus de temps pour faire un canonnier que pour faire un fantassin.

Qu'on examine avec impartialité la manœuvre du canon de campagne et de l'obusier, pour la-quelle il n'y a d'autre précision à observer que celle de la direction du tir qui ne dépend que d'un seul servant, et qui n'exige nullement cette simul-tanéité qu'on recherche tant dans le maniement des armes d'un bataillon, ainsi que dans les diffé-rentes manœuvres, on verra que l'école du ca-nonnier est infiniment plus simple et moins pé-nible que celle du fantassin.

On voit donc que si on peut pour le service de l'artillerie n'avoir que des hommes d'une constitution ordinaire, comme je l'ai fait voir en comparant les fatigues de l'infanterie avec celles de l'artillerie, on peut aussi sans inconvénient réduire le chiffre des troupes de cette arme, et le ramener à une proportion plus en harmonie avec celui de la ligne.

Que l'on consulte à ce sujet des officiers généraux et supérieurs d'artillerie, dépouillés par leur passage à la réserve ou à la retraite de leur esprit de corps naturellement si intolérant ; ils auront la franchise d'avouer consciencieusement la vérité. Cela pourrait amener des mesures qui rendraient à l'infanterie grand nombre d'hommes de choix.

Ces observations bien senties, bien appréciées, devaient être patronées par des hommes énergiques, capables de les faire valoir, et qui, sortis de l'infanterie, puissent comprendre la nécessité de rendre à cette arme toute son importance. Défendre cette cause, c'est défendre les intérêts de toute l'armée, puisque l'infanterie en est la base et la partie principale. Il serait donc temps d'appeler toute l'attention du gouvernement sur cette malheureuse arme constamment sacrifiée à toutes les autres !

RÉSUMÉ.

En résumé, l'infanterie étant le fond de l'armée, c'est elle qu'on doit soigner en diminuant les prélèvements qu'on opère chaque année pour les autres armes qui ne sont plus dans les mêmes circonstances qu'autrefois, et qui n'ont plus les mêmes raisons pour avoir le choix des contingents.

La loi sur le recrutement devait être modifiée à ce sujet.

Après avoir amélioré le soldat d'infanterie sous le rapport physique, il faut lui faire aimer son métier, en écartant du service les tracasseries et les fatigues inutiles.

Il règne dans l'administration de la guerre un esprit de détails qui s'est glissé dans les régiments et qui complique le service des officiers et sous-officiers ; il faut chercher à le diminuer, parce qu'il tend à dégoûter, et pis encore à déconsidérer.

La manœuvre du canon est nécessaire à l'infanterie ; quelques hommes par compagnie suffiraient aux besoins de la guerre.

On pourrait suppléer au corps d'état-major par des officiers d'infanterie et de cavalerie ; ce serait une économie et un moyen de multiplier l'avancement et l'instruction. Les officiers de la ligne travailleraient et auraient l'avantage, en passant à la suite des généraux, de conserver la qualité d'officiers de troupes, c'est-à-dire l'habitude de la conduite des hommes et des manœuvres.

Il faut que l'infanterie sorte enfin de l'état d'asservissement dans lequel elle est tombée et où toutes les armes la tiennent, et tendent à la retenir, pour annuler peu à peu ses attributions et ses droits au commandement.

Cette arme par excellence doit primer toutes les autres par sa constitution, par le savoir de ses officiers supérieurs qui sont dans la nécessité de manier toutes les armes quand ils deviennent généraux, enfin par son importance qui est telle, qu'elle peut, à elle seule, représenter l'armée ; principe qui doit ramener tout le reste à son rôle véritable, celui d'accessoires.

TABLE.

Paris. Imprimerie BAILLY, DIVRY et Cⁱᵉ, rue Notre-Dame des Champs, 19.